Affirmation
GRATEFUL
I AM

Masami Light

Amesian Books

Here I am

_α_
_____
Your name

Promise to love my life

I enjoy every moment of
my life and grateful for myself

Thank you

for loving your life

I always believe in you

Love & Light

Masami Light

Date _____ Week [1] Day [1]

+ + + + + + Affirmation + + + + + +

....
....
....
....
....
....
....
....
....
....

GRATEFUL FOR   * * I am * *

Date _____ Week **1** Day **2**

✦ ✦ ✦ ✦ AFFIRMATION ✦ ✦ ✦ ✦

....
....
....
....
....
....
....
....
....
....

= Grateful for =   ✶ ✶ I AM ✶ ✶

Date _____ Week | 1 | Day | 3 |

✛ ✛ ✛ Affirmation ✛ ✛ ✛

....
....
....
....
....
....
....
....
....
....

GRATEFUL FOR   ✶ ✶ I am ✶ ✶

Date _____   Week **1** Day **4**

✣ ✣ ✣ AFFIRMATION ✣ ✣ ✣

....
....
....
....
....
....
....
....
....
....

= Grateful for =   ✻ ✻ I am ✻ ✻

Date _____ Week `1` Day `5`

+ + + + + Affirmation + + + + +

....
....
....
....
....
....
....
....
....
....

= GRATEFUL FOR =   • • I AM • •

Date _____ Week [1] Day [6]

+ + + AFFIRMATION + + +

....
....
....
....
....
....
....
....
....
....

Grateful for * * I AM * *

Date _____ Week **1** Day **7**

+ + + + Affirmation + + + +

....
....
....
....
....
....
....
....
....
....

Grateful for ★ ★ I am ★ ★

GOOD JOB

Light Style

BETTER EVERYDAY

Date _____ Week `2` Day `1`

+ + + + + + Affirmation + + + + + +

....
....
....
....
....
....
....
....
....
....

GRATEFUL FOR * * I am * *

Date _____ Week **2** Day **2**

✦ ✦ ✦ ✦ AFFIRMATION ✦ ✦ ✦ ✦

....
....
....
....
....
....
....
....
....
....

= Grateful for =   ✶ ✶ I AM ✶ ✶

Date _____ Week **2** Day **3**

✦ ✦ ✦ Affirmation ✦ ✦ ✦

....
....
....
....
....
....
....
....
....
....

GRATEFUL FOR   ✶ ✶ I am ✶ ✶

Date _____ Week **2** Day **4**

✦ ✦ ✦ AFFIRMATION ✦ ✦ ✦

....
....
....
....
....
....
....
....
....
....

= Grateful for =   ✦ ✦ I am ✦ ✦

Date _____ Week **2** Day **5**

+ + + + + Affirmation + + + + +

....
....
....
....
....
....
....
....
....
....

= GRATEFUL FOR =   • • I AM • •

Date _____ Week [2] Day [6]

+ + + AFFIRMATION + + +

....
....
....
....
....
....
....
....
....
....

Grateful for　　❋ ❋ I AM ❋ ❋

Date _____ Week **2** Day **7**

+ + + + Affirmation + + + +

....
....
....
....
....
....
....
....
....
....

Grateful for ★ ★ I am ★ ★

YOU CAN DO IT

Light Style

BETTER EVERYDAY

Date _____ Week [3] Day [1]

+ + + + + + Affirmation + + + + + +

....
....
....
....
....
....
....
....
....
....

GRATEFUL FOR   * * I am * *

Date _____ Week 3 Day 2

✦ ✦ ✦ ✦ AFFIRMATION ✦ ✦ ✦ ✦

....
....
....
....
....
....
....
....
....
....

= Grateful for =   ✱ ✱ I AM ✱ ✱

Date _____ Week **3** | Day **3**

✢ ✢ ✢ Affirmation ✢ ✢ ✢

....
....
....
....
....
....
....
....
....
....

GRATEFUL FOR   ✶ ✶ I am ✶ ✶

Date _____ **Week** 3 **Day** 4

✦ ✦ ✦ AFFIRMATION ✦ ✦ ✦

....
....
....
....
....
....
....
....
....
....

= Grateful for =   ✱ ✱ I am ✱ ✱

Date _____ Week `3` Day `5`

+ + + + + Affirmation + + + + +

....
....
....
....
....
....
....
....
....
....

≡ GRATEFUL FOR ≡   ● ● I AM ● ●

Date _____ Week **3** Day **6**

+ + + AFFIRMATION + + +

....
....
....
....
....
....
....
....
....
....

Grateful for   * * I AM * *

Date _____ | Week **3** | Day **7**

+ + + + Affirmation + + + +

....
....
....
....
....
....
....
....
....
....

Grateful for ★ ★ I am ★ ★

FOCUS ON GOOD

Light Style

BETTER EVERYDAY

Date _____ Week **4** Day **1**

+ + + + + + Affirmation + + + + + +

....
....
....
....
....
....
....
....
....
....

GRATEFUL FOR * * I am * *

Date _____ Week 4 Day 2

✦ ✦ ✦ ✦ AFFIRMATION ✦ ✦ ✦ ✦

....
....
....
....
....
....
....
....
....

= Grateful for =   * * I AM * *

Date _____ Week **4** Day **3**

✧ ✧ ✧ Affirmation ✧ ✧ ✧

....
....
....
....
....
....
....
....
....
....

GRATEFUL FOR * * I am * *

Date _____ Week **4** Day **4**

✢ ✢ ✢ AFFIRMATION ✢ ✢ ✢

....
....
....
....
....
....
....
....
....
....

= Grateful for =   ✻ ✻ I am ✻ ✻

Date _____   Week **4** Day **5**

\+ + + + + **Affirmation** + + + +

....
....
....
....
....
....
....
....
....
....

≡ GRATEFUL FOR ≡   • • **I AM** • •

Date _____ Week **4** Day **6**

+ + + AFFIRMATION + + +

....
....
....
....
....
....
....
....
....
....

Grateful for   * * I AM * *

Date _____ Week [4] Day [7]

+ + + + Affirmation + + + +

....
....
....
....
....
....
....
....
....
....

Grateful for ★ ★ I am ★ ★

BELIEVE IN YOURSELF

Light Style

BETTER EVERYDAY

Date _____ Week [5] Day [1]

+ + + + + + Affirmation + + + + + +

....
....
....
....
....
....
....
....
....
....

GRATEFUL FOR　　　* * I am * *

Date _____   Week 5 | Day 2

✦ ✦ ✦ ✦ AFFIRMATION ✦ ✦ ✦ ✦

....
....
....
....
....
....
....
....
....
....

= Grateful for =   ✶ ✶ I AM ✶ ✶

Date _____ Week **5** Day **3**

✧ ✧ ✧ Affirmation ✧ ✧ ✧

....
....
....
....
....
....
....
....
....
....

GRATEFUL FOR　　✽ ✽ I am ✽ ✽

Date _____ Week **5** Day **4**

✦ ✦ ✦ AFFIRMATION ✦ ✦ ✦

....
....
....
....
....
....
....
....
....
....

= Grateful for =   ✳ ✳ I am ✳ ✳

Date _____ Week [5] Day [5]

+ + + + + Affirmation + + + + +

....
....
....
....
....
....
....
....
....
....

☰ GRATEFUL FOR ☰   ✦ ✦ I AM ✦ ✦

Date _____ Week **5** | Day **6**

+ + + AFFIRMATION + + +

....
....
....
....
....
....
....
....
....
....

Grateful for * * I AM * *

Date _____ Week [5] Day [7]

+ + + + Affirmation + + + +

....
....
....
....
....
....
....
....
....
....

Grateful for ★ ★ I am ★ ★

NO LIMITS IN YOUR LIFE

Light Style

BETTER EVERYDAY

Date _____ Week [6] Day [1]

+ + + + + + Affirmation + + + + + +

....
....
....
....
....
....
....
....
....
....

GRATEFUL FOR * * I am * *

Date _____ Week 6 | Day 2

✦ ✦ ✦ ✦ AFFIRMATION ✦ ✦ ✦ ✦

....
....
....
....
....
....
....
....
....
....

= Grateful for =   ✻ ✻ I AM ✻ ✻

Date _____ Week | 6 | Day | 3 |

✢ ✢ ✢ Affirmation ✢ ✢ ✢

....
....
....
....
....
....
....
....
....
....

GRATEFUL FOR   ✳ ✳ I am ✳ ✳

Date _____ Week 6 Day 4

✤ ✤ ✤ AFFIRMATION ✤ ✤ ✤

....
....
....
....
....
....
....
....
....
....

= Grateful for =   ✻ ✻ I am ✻ ✻

Date _____   Week `6` Day `5`

+ + + + + Affirmation + + + + +

....
....
....
....
....
....
....
....
....
....

≡ GRATEFUL FOR ≡   ❋ ❋ I AM ❋ ❋

Date — Week 6 | Day 6

+ + + AFFIRMATION + + +

....
....
....
....
....
....
....
....
....
....

Grateful for   * * I AM * *

Date _____ Week **6** Day **7**

+ + + + Affirmation + + + +

....
....
....
....
....
....
....
....
....

Grateful for ★ ★ I am ★ ★

YOU'RE DOING GREAT

Light Style

BETTER EVERYDAY

Date _____ Week 7 Day 1

+ + + + + + Affirmation + + + + + +

....
....
....
....
....
....
....
....
....
....

GRATEFUL FOR   * * I am * *

Date _____ Week **7** Day **2**

✤ ✤ ✤ ✤ AFFIRMATION ✤ ✤ ✤ ✤

....
....
....
....
....
....
....
....
....

= Grateful for =   ✻ ✻ I AM ✻ ✻

Date _____ Week | 7 | Day | 3 |

✧ ✧ ✧ Affirmation ✧ ✧ ✧

....
....
....
....
....
....
....
....
....
....

GRATEFUL FOR   * * I am * *

Date _____ Week 7 Day 4

✤ ✤ ✤ AFFIRMATION ✤ ✤ ✤

....
....
....
....
....
....
....
....
....
....

= Grateful for =   ✳ ✳ I am ✳ ✳

| Date | Week 7 Day 5 |

+ + + + + Affirmation + + + + +

....
....
....
....
....
....
....
....
....
....

≡ GRATEFUL FOR ≡   • • I AM • •

Date _____ Week **7** Day **6**

+ + + AFFIRMATION + + +

....
....
....
....
....
....
....
....
....
....

Grateful for   * * I AM * *

Date _____ Week **7** Day **7**

+ + + **Affirmation** + + + +

....
....
....
....
....
....
....
....
....

Grateful for ★ ★ I am ★ ★

CHOOSE HAPPINESS

Light Style

BETTER EVERYDAY

Date _____ Week **8** Day **1**

+ + + + + + Affirmation + + + + + +

....
....
....
....
....
....
....
....
....
....

GRATEFUL FOR   * * I am * *

Date _____ Week [8] Day [2]

✦ ✦ ✦ ✦ AFFIRMATION ✦ ✦ ✦ ✦

....
....
....
....
....
....
....
....
....
....

= Grateful for =   ✶ ✶ I AM ✶ ✶

| Date | Week 8 | Day 3 |

✢ ✢ ✢ Affirmation ✢ ✢ ✢

....
....
....
....
....
....
....
....
....
....

GRATEFUL FOR   ✶ ✶ I am ✶ ✶

Date _____ Week 8 Day 4

✢ ✢ ✢ AFFIRMATION ✢ ✢ ✢

....
....
....
....
....
....
....
....
....
....

= Grateful for =   ✻ ✻ I am ✻ ✻

Date _____ Week 8   Day 5

+ + + + + Affirmation + + + + +

....
....
....
....
....
....
....
....
....
....

= GRATEFUL FOR =   ❋ ❋ I AM ❋ ❋

Date _____ Week | 8 | Day | 6 |

+ + + **AFFIRMATION** + + +

....
....
....
....
....
....
....
....
....
....

Grateful for   * * **I AM** * *

Date _____ Week **8** Day **7**

+ + + Affirmation + + +

....
....
....
....
....
....
....
....
....

Grateful for ★ ★ I am ★ ★

LIVE
YOUR LIFE

Light Style

BETTER EVERYDAY

Date _____ Week | 9 | Day | 1 |

+ + + + + + Affirmation + + + + + +

....
....
....
....
....
....
....
....
....
....

GRATEFUL FOR   * * I am * *

Date _____ Week **9** Day **2**

✢ ✢ ✢ ✢ AFFIRMATION ✢ ✢ ✢ ✢

....
....
....
....
....
....
....
....
....
....

= Grateful for =   ✶ ✶ I AM ✶ ✶

Date _____ **Week** 9 **Day** 3

✦ ✦ ✦ Affirmation ✦ ✦ ✦

....
....
....
....
....
....
....
....
....
....

GRATEFUL FOR ✶ ✶ I am ✶ ✶

Date _____

Week 9 | Day 4

✦ ✦ ✦ AFFIRMATION ✦ ✦ ✦

....
....
....
....
....
....
....
....
....
....

= Grateful for =   ✻ ✻ I am ✻ ✻

Date _____ Week | 9 | Day | 5

+ + + + + Affirmation + + + + +

....
....
....
....
....
....
....
....
....
....

≡ GRATEFUL FOR ≡ ● ● I AM ● ●

Date _____ Week 9 Day 6

+ + + **AFFIRMATION** + + +

....
....
....
....
....
....
....
....
....
....

Grateful for   * * **I AM** * *

Date | **Week** 9 **Day** 7

+ + + Affirmation + + +

Grateful for ★ ★ I am ★ ★

A LITTLE MORE TO GO

Light Style

BETTER EVERYDAY

Date _____ Week **10** Day **1**

+ + + + + + Affirmation + + + + + +

....
....
....
....
....
....
....
....
....
....

GRATEFUL FOR   * * I am * *

Date _____ Week 10 Day 2

✛ ✛ ✛ ✛ AFFIRMATION ✛ ✛ ✛ ✛

....
....
....
....
....
....
....
....
....

= Grateful for =   * * I AM * *

Date _____ Week **10** Day **3**

✦ ✦ ✦ Affirmation ✦ ✦ ✦

....
....
....
....
....
....
....
....
....
....

GRATEFUL FOR   ∗ ∗ I am ∗ ∗

Date _____ Week 10 Day 4

✧ ✧ ✧ AFFIRMATION ✧ ✧ ✧

....
....
....
....
....
....
....
....
....
....

= Grateful for =   ✻ ✻ I am ✻ ✻

Date _____ Week 10 | Day 5

+ + + + + **Affirmation** + + + + +

....
....
....
....
....
....
....
....
....
....

≡ GRATEFUL FOR ≡   ✺ ✺ I AM ✺ ✺

Date _____ Week 10 Day 6

+ + + **AFFIRMATION** + + +

....
....
....
....
....
....
....
....
....
....

Grateful for ❋ ❋ **I AM** ❋ ❋

Date _____ Week 10 Day 7

+ + + Affirmation + + +

....
....
....
....
....
....
....
....
....

Grateful for ★ ★ I am ★ ★

YOU'RE THE MIRACLE

Light Style

BETTER EVERYDAY

Date _____ Week [11] Day [1]

+ + + + + + Affirmation + + + + + +

....
....
....
....
....
....
....
....
....
....

GRATEFUL FOR   * * I am * *

Date _____ Week 11 Day 2

+ + + + AFFIRMATION + + + +

....
....
....
....
....
....
....
....
....
....

= Grateful for =   * * I AM * *

Date _____ Week `11` Day `3`

✢ ✢ ✢   Affirmation   ✢ ✢ ✢

....
....
....
....
....
....
....
....
....

GRATEFUL FOR   * * I am * *

Date _____ Week **11** Day **4**

✦ ✦ ✦ AFFIRMATION ✦ ✦ ✦

....
....
....
....
....
....
....
....
....
....

= Grateful for =   ✻ ✻ I am ✻ ✻

Date _____ Week 11   Day 5

+ + + + + # Affirmation + + + +

....
....
....
....
....
....
....
....
....
....

= GRATEFUL FOR =   • • I AM • •

Date _____ Week | 11 | Day | 6 |

+ + + AFFIRMATION + + +

....
....
....
....
....
....
....
....
....
....

Grateful for   * * I AM * *

Date | **Week** 11 **Day** 7

+ + + + Affirmation + + + +

....
....
....
....
....
....
....
....
....
....

Grateful for ★ ★ I am ★ ★

NEVER STOP DREAMING

Light Style

BETTER EVERYDAY

Date　　　　　　　　　　　　　　　　　Week **12**　Day **1**

+ + + + + + Affirmation + + + + + +

....
....
....
....
....
....
....
....
....
....

GRATEFUL FOR　　　* * I am * *

Date _____ Week 12 Day 2

✦ ✦ ✦ ✦ AFFIRMATION ✦ ✦ ✦ ✦

....
....
....
....
....
....
....
....
....
....

= Grateful for =   ✲ ✲ I AM ✲ ✲

Date _____   Week | 12 | Day | 3 |

✤ ✤ ✤ Affirmation ✤ ✤ ✤

....
....
....
....
....
....
....
....
....
....

GRATEFUL FOR   * * I am * *

Date _____   Week 12 Day 4

✦ ✦ ✦ AFFIRMATION ✦ ✦ ✦

....
....
....
....
....
....
....
....
....
....

= Grateful for =   ✻ ✻ I am ✻ ✻

Date _____ Week 12 Day 5

+ + + + + Affirmation + + + + +

....
....
....
....
....
....
....
....
....
....

≡ GRATEFUL FOR ≡   • • I AM • •

Date _____ Week 12 Day 6

+ + + **AFFIRMATION** + + +

....
....
....
....
....
....
....
....
....
....

Grateful for   ❋ ❋ **I AM** ❋ ❋

Date _____ Week | 12 | Day | 7 |

+ + + + Affirmation + + + +

....
....
....
....
....
....
....
....
....
....

Grateful for   ★ ★ I am ★ ★

YOU
ARE
AMAZING

Light Style

BETTER EVERYDAY

Congratulations!

on your achievement

I am so proud of you

Good vibes only in your life

Masami Light

Let's move on to the next chapter
Your life is getting so much better,
feel happiness and live with it.

...

Masami Light

Public speaker, Lifestyle promoter,
and Wellness business owner

Masami Light was born and raised in Okinawa, Japan. She comes from a family with a strong spiritual background and has encountered many individuals facing significant turning points in their lives. As an intuitive advisor, she has inspired numerous celebrities, artists, and influencers.

Renowned as the "voice" of success, she has over 15 years of stage interpreter experience for legendary billionaires and has assisted over 100 millionaires as their mentor. Over 20,000 people have changed their lives.

In 2015, she started her successful philosophy-speaking event called the Light Event and continued to support people to love their life. Her top priority is spending time with her family, and she thoroughly enjoys life in Los Angeles. She is the founder of the LIGHT philosophy, which is the key to improving daily life with love.

Her 1st book Moon Letter – The story of Moon the Cat was marked as #1 on Amazon when it was published.

Love & Light
www.masamilight.com

Special Thanks to

My hubby Scott & Loving sons.
Light event staffs
and Meg - Wanann, Inc.

from Masami

AMESIAN BOOKS
2535 W. 237th St., Unit 106
Torrance, CA 90505
amesianbooks.com

Copyright © 2024 by AMESIAN BOOKS
All rights reserved.

AMESIAN BOOKS is a division of Wanann, Inc.
No part of this publication may be reproduced,
stored, or transmitted in any form or by any
means, electronic, mechanical, photocopied,
recorded or otherwise, without prior written
consent from the publisher.
Notice of Disclaimer: The information
contained in this book is based on the author's
experience and options. The author and
publisher will not be held liable for the use or
misuse of the information in this book.

Publisher: Kyoichi Ichimura
Creative director: Megumi Tamura
Designer: Ocean Creative Studio

ISBN 978-1-945352-14-0

2 4 6 8 10 9 7 5 3 1

First edition, 2024

WANANN,Inc.

www.ingramcontent.com/pod-product-compliance
Lightning Source LLC
Chambersburg PA
CBHW060535080526
44586CB00012B/747